DE LA
PUISSANCE PATERNELLE,

COMPARATIVEMENT

SELON LES PRINCIPES DU DROIT ROMAIN

ET

DU DROIT CIVIL FRANÇAIS.

THÈSE

QUE SOUTIENDRA, JEUDI 26 DÉCEMBRE 1839,

A LA FACULTÉ DE DROIT DE STRASBOURG,

A L'OCCASION DU CONCOURS OUVERT EN LADITE FACULTÉ POUR UNE PLACE DE PROFESSEUR SUPPLÉANT,

PROSPER ESCHBACH,

avocat et docteur en droit, faisant provisoirement les fonctions de professeur suppléant.

STRASBOURG,

IMPRIMERIE DE G. SILBERMANN, PLACE SAINT-THOMAS, 5.

1839.

FACULTÉ DE DROIT DE STRASBOURG.

JUGES DU CONCOURS.

MM. Rauter, Doyen de la Faculté, Président.

Bloechel,
Hepp,
Heimburger,
Thieriet,
Aubry,
Schützenberger, } Professeurs en droit de la Faculté de Strasbourg.

Chassan, Docteur en Droit, Avocat général à la Cour royale de Colmar.
Lauth, Docteur en Droit, Juge de paix à Strasbourg.
Linder, Docteur en Droit, Bâtonnier de l'ordre des Avocats à Strasbourg.

ARGUMENTANTS.

MM. Lafond,
Destrais, } Concurrents.
Schützenberger.
Linder.

DE LA

PUISSANCE PATERNELLE,

COMPARATIVEMENT

SELON LES PRINCIPES DU DROIT ROMAIN ET DU DROIT CIVIL FRANÇAIS.

INTRODUCTION.

L'enfant naît faible, sans défense et incapable de pourvoir à la vie qui lui a été *imposée* ; il a droit, par conséquent, à la protection et à l'assistance de ceux qui l'ont mis au monde. A ce droit de l'enfant correspond l'obligation *naturelle* des père et mère de le nourrir, de l'entretenir et de l'élever ; des soins et des bienfaits qu'il reçoit d'eux résulte pour l'enfant l'obligation *naturelle* de les respecter et de leur obéir.

Le droit positif est venu rendre *parfaites* jusqu'à un certain point, ces obligations *naturelles* sanctionnées par tous les cultes religieux, et voilà, en peu de mots, la double source de ce que la loi appelle PUIS- SANCE PATERNELLE.

Mais combien cette source a été méconnue par les différents législa-

1

teurs suivant le besoin de leurs systèmes et de leurs combinaisons politiques[1]!

Chez les Romains, par exemple, la puissance paternelle était constituée en dehors de toutes les règles du Droit naturel, et malgré les adoucissements successifs qu'elle subit sous l'influence de la civilisation et du christianisme, elle conserva encore, dans le Droit tel que le fit Justinien, une physionomie rude comme le vieux caractère romain. *Nulli enim*, disait cet empereur, *alii sunt homines qui talem in liberos habeant potestatem, qualem nos habemus.*

En France, dans les pays de Droit écrit, la puissance paternelle produisait presque les mêmes effets que dans le dernier état de la jurisprudence romaine. Cependant le bon sens national avait rapproché la pratique du Droit naturel, et grâce à l'émancipation qui était devenue d'un usage presque régulier et qui, d'ailleurs, résultait tacitement du mariage et de l'habitation du fils séparée de celle du père, on ne voyait que très-rarement des hommes d'un âge mûr, ou même, ainsi qu'à Rome, des vieillards, soumis encore, comme des impubères, au joug de la puissance paternelle.

Dans les pays coutumiers, on avait touché de plus près le véritable but: malgré l'absence d'une institution systématique de la puissance paternelle, les coutumes s'accordaient pour consacrer, au profit des père et mère, un droit d'autorité résultant des rapports naturels de dépendance et de protection entre l'enfant et les auteurs de ses jours. Et si, dans ces pays, on proclamait la règle : *Droit de puissance paternelle n'a lieu*, gardez-vous de croire que cela voulût dire que les pères et mères n'avaient aucun droit, soit sur la personne, soit sur les biens de leurs enfants. Cette règle signifiait simplement que l'on n'y admettait pas la puissance paternelle avec les effets exorbitants que lui attribuait le Droit romain.

---

[1] Des notions historiques développées ne peuvent et ne doivent évidemment pas trouver place ici.

La révolution de 1789 exerça une influence dissolvante sur la législation concernant les rapports entre les pères et mères et leurs enfants. Les rédacteurs du Code civil, auxquels on a reproché de s'être laissé influencer par les idées qui avaient dominé le Droit intermédiaire, auraient dû donner, j'en conviens, un peu plus de force aux ressorts de la puissance paternelle; mais, après tout, leur œuvre n'est pas aussi imparfaite qu'on l'a dit. Ils ont bien fait de s'éloigner ici de la législation romaine et de résister au premier Consul qui rêvait, dit-on, le rétablissement du *pater familias*. Ils ont maintenu la règle coutumière : *Droit de puissance paternelle n'a lieu;* car ce terme de *puissance* que nous retrouvons dans le Code et qui parut, dans la discussion, *trop fastueux,* est bien loin, comme on le verra, d'exprimer ce qu'il signifiait chez les Romains. Le mot a survécu à la chose.

D'après l'esprit du Droit français actuel, la puissance paternelle (*proprio sensu*) consiste dans le pouvoir accordé aux pères et mères, de gouverner, avec autorité et moyennant certains droits utiles, la personne et les biens de leurs enfants, jusqu'à ce que la maturité de l'âge, dont l'appréciation se fait par les parents (*émancipation*) et à leur défaut par la loi (*majorité*), ait rendu les enfants capables de se conduire par eux-mêmes.

Cette notion du droit de puissance paternelle est exacte, s'il s'agit d'enfants *légitimes* ou *légitimés;* elle doit subir, s'il s'agit d'enfants *naturels reconnus,* quelques modifications qui se reproduiront *infrà*.

Quant aux devoirs d'honneur et de respect auxquels les enfants sont soumis pendant toute leur vie envers leurs pères et mères, il ne faut pas les envisager comme correspondant au droit de puissance paternelle. Ces devoirs découlent bien moins de la puissance paternelle (*propriè sic dicta*) que du fait même de la paternité et de la maternité; ils existent même après que ceux de l'obéissance et de la soumission ont cessé; le droit d'en exiger l'accomplissement est une prérogative du titre sacré de père et de mère, et l'art. 371, qui les impose, est plutôt, comme le conseil d'État l'a reconnu, un précepte de morale

4

qu'une disposition législative. Aussi ces devoirs sont imposés au majeur comme au mineur, à l'enfant adoptif comme à l'enfant légitime, à l'enfant naturel comme à l'adultérin et à l'incestueux[1], et un fils devrait honneur et respect à ses père et mère, lors même que par l'effet de la mort civile, ils auraient perdu le droit de puissance paternelle. *Jura naturalia jure civili perimi nequeunt.*

C'est de ces devoirs d'honneur et de respect imposés aux enfants à tout âge par la morale, la religion et le Code civil, que découlent certaines dispositions du Droit positif que je néglige d'énumérer ici, par cela même qu'elles sont étrangères au droit de puissance paternelle proprement dite.

Je vais, aux termes de l'art. 3 de l'arrêté du Conseil royal de l'instruction publique, en date du 10 septembre 1838, exposer la matière comparativement selon les principes du Droit romain et du Droit civil français. En conséquence on verra :

I. Comment on acquiert la puissance paternelle ;

II. A qui elle appartient;

III. En quoi elle consiste ;

IV. Comment elle prend fin et comment on la recouvre.

I. DE L'ACQUISITION DE LA PUISSANCE PATERNELLE.

Suivant le Droit romain, on acquérait la puissance paternelle[2] :

1° *Justis nuptiis.* Le mari avait en sa puissance les enfants issus du mariage, de quelque sexe qu'ils fussent, mais aux conditions suivantes. Il fallait :

---

[1] *Nam licet legum contemptor et impius sit pater, tamen pater est.* Nov. 12 c. 2.

[2] En Droit anté-justinien, voy. l'effet de la concession du droit de cité et de la *causæ erroris probatio*, dans Gaïus, I, §§ 93—95 et 66—75.

a. Que le mariage fût conforme aux exigences du Droit, *justæ nuptiæ*. Ainsi les enfants nés du concubinat (*naturales*), les *spurii* et les *vulgò quæsiti* n'étaient pas en puissance paternelle. *A fortiori* ne s'y trouvaient pas non plus ceux qui étaient issus *ex damnato coïtu*, tels que les adultérins et les incestueux.

b. Que le mari fût *sui juris*, soit par la mort de son père, soit par émancipation, soit de toute autre manière; car s'il était lui-même en puissance paternelle, les enfants, issus de lui, étaient en la puissance de leur aïeul, et ne retombaient en celle du père qu'après la mort de l'aïeul, si toutefois ces enfants étaient encore *alieni juris* au moment du décès du *pater familias*.

c. Que les enfants provinssent des œuvres du mari. A la vérité ils étaient présumés en provenir, par cela seul que la femme les avait conçus pendant le mariage : *Pater is est quem nuptiæ demonstrant ;* mais cette présomption fléchissait dans plusieurs cas dont l'examen ne serait pas ici à sa place.

2° *Legitimatione*. Par cette expression étrangère à la langue du Droit romain, on désigna, dans le principe, l'acte par lequel des enfants issus du concubinat, et par conséquent, *sui juris*, passaient librement et de leur gré sous la puissance de leur père. Par le fait, ils obtenaient les mêmes droits que des enfants légitimes, mais ce n'était là qu'un effet accessoire; le but principal était l'acquisition, au profit du père, de la puissance paternelle. Cette acquisition se faisait de différentes manières, que je n'indiquerai que sommairement :

a. *Per subsequens matrimonium*. Constantin, dans la vue d'éloigner ses sujets du concubinat réprouvé par la religion chrétienne, accorda à ceux qui épouseraient leurs concubines la puissance paternelle sur les enfants nés de leur commerce. Cet empereur, n'ayant accordé cette faculté qu'à ceux qui vivaient en concubinage au moment où sa constitution fut promulguée, et qu'à l'égard des enfants *naturales* nés à la même époque, Justinien supprima ces restrictions.

b. *Per oblationem curiæ*. Théodose le jeune accorda la puissance paternelle au père qui ferait de son fils un Décurion ou qui marierait sa fille à l'un des membres de la curie.

c. *Per rescriptum principis.* Justinien fit résulter l'acquisition de cette puissance de l'obtention de *lettres-royaux,* que l'empereur n'accordait à l'impétrant que sous certaines conditions[1].

3° *Adoptione vel adrogatione.* Je ne dois pas non plus retracer ici les règles relatives à ces institutions. Je ferai seulement remarquer, en ce qui concerne l'acquisition de la puissance paternelle, la différence introduite par Justinien, en matière d'adoption, *adoptio plena et minus plena.*

4° *Jure postliminii.* Un enfant procréé pendant la captivité de ses père et mère, ne naissait pas sous la puissance paternelle, qui, dans ce cas, était juridiquement impossible. Mais si le père rentrait sur le territoire romain, l'enfant tombait, *ipso jure,* sous sa puissance.

Selon le Droit français, on acquiert la puissance paternelle :

1° *Par la filiation légitime.* Un enfant est légitime quand il a été *conçu* pendant le mariage de ses père et mère. C'est le moment de la *conception* qui décide de la légitimité; celui de la *naissance* est indifférent. Que l'enfant sorte du sein de la mère pendant ou après le mariage, peu importe; il sera *légitime* s'il a été conçu pendant le mariage; s'il est conçu après la dissolution du mariage, il sera *illégitime;* s'il est conçu avant, quoiqu'il naisse pendant le mariage, il ne sera pas légitime, il ne sera que tacitement *légitimé.*

Du reste, ce serait sortir de mon sujet que d'exposer ici les règles relatives à cette matière.

2° *Par la légitimation.* C'est une fiction de la loi dont l'effet est de faire considérer comme conçu pendant le mariage, l'enfant qui a été conçu ou qui est né avant le mariage de ses père et mère.

En Droit français, cette fiction ne peut plus résulter que du mariage subséquent de l'homme et de la femme dont le commerce ne doit avoir

---

[1] Il ne peut pas être question ici de la légitimation *per testamentum*

été, au moment de la conception, ni adultérin, ni incestueux; et si l'enfant est déjà né, cette fiction ne peut opérer à son égard qu'autant qu'il a été légalement reconnu par ses père et mère avant leur mariage, ou dans l'acte même de célébration.

3° *Par la reconnaissance,* qui est volontaire ou forcée.

La première est l'acte spontané d'un homme ou d'une femme qui se déclare authentiquement père ou mère d'un enfant non légitime, mais dont la conception ne fut entachée ni d'adultère, ni d'inceste.

La reconnaissance forcée, impossible également toutes les fois qu'il y a adultère ou inceste, a lieu :

A l'égard de l'homme, quand, dans le cas d'enlèvement, le ravisseur a été, sur la demande des parties intéressées, déclaré père de l'enfant que la femme enlevée a conçu à une époque qui se rapporte à celle de l'enlèvement;

A l'égard de la femme, lorsque l'enfant a réussi dans la recherche de la maternité.

Quant à l'adoption, elle n'est plus une manière d'acquérir la puissance paternelle, et la loi civile n'accorde pas non plus cette puissance aux pères et mères adultérins ou incestueux, si ce n'est en cas de mariage putatif.

II. DES PERSONNES AUXQUELLES APPARTIENT LA PUISSANCE PATERNELLE.

Dans la législation romaine, la puissance paternelle n'appartenait qu'au père, s'il était *sui juris,* à l'aïeul paternel, si le père était sous la puissance de celui-ci, au bisaïeul, si l'aïeul était lui-même *filius familias,* et ainsi de suite, en remontant toujours dans la ligne paternelle et par les mâles. La mère était exclue de toute participation à cette puissance; bien plus, on la trouve, dans le Droit anté-justinien, in *manu mariti*, à l'état antinaturel de *filia familias* et au niveau de ses enfants.

Dans notre Code, la morale a reconquis ses droits : la puissance paternelle (*proprio sensu*) ne peut, par la force même des choses, appartenir ni à l'aïeul, ni à l'aïeule, mais la mère, remise à la place imprescriptible qu'elle tient de la nature [1], est revêtue de cette puissance aussi bien que le père. Toutefois il faut distinguer entre la mère légitime et la mère naturelle; l'une et l'autre ont la puissance paternelle, mais elles ne l'exercent pas de même.

Durant le mariage, le droit de la mère légitime, paralysé par la puissance maritale, est nécessairement absorbé par celui du mari, auquel la puissance paternelle appartient et doit appartenir sans partage, en qualité de chef de l'union conjugale. Cependant, comme la puissance paternelle a pour principal fondement l'intérêt des enfants, la femme doit pouvoir l'exercer, quoique le mariage subsiste encore, toutes les fois que le mari ne peut le faire lui-même. C'est ce qui a lieu :

1° Quand le père a disparu. Dans ce cas, la mère a la surveillance des enfants communs, et elle exerce tous les droits du mari, quant à leur éducation et à l'administration de leurs biens.

2° Quand le père est déchu de la puissance paternelle par application de l'art. 335 du Code pénal.

3° Quand il ne peut l'exercer pour cause d'interdiction légale ou judiciaire.

Et enfin, quoique la séparation de corps prononcée contre le mari ne lui fasse pas perdre la puissance paternelle, cependant les tribunaux peuvent, dans l'intérêt des enfants, les lui retirer et les confier à la mère.

Au contraire de ce qui a lieu relativement à la mère légitime, la puissance paternelle sur les enfants naturels se partage *æqua lance* entre le père et la mère qui les ont légalement reconnus.

---

[1] *Deus est in utroque parentum.*

Ici point de puissance maritale qui détermine la préférence en faveur du père; point de mariage, par conséquent point d'application de l'art. 373.

S'il y a désaccord et contestation, le juge doit intervenir, et, dans le silence de la loi, prendre l'intérêt des enfants pour règle unique de sa décision.

III. DES DROITS RÉSULTANT DE LA PUISSANCE PATERNELLE.

A. DROITS SUR LA PERSONNE DES ENFANTS.

Dans le dernier état de la jurisprudence romaine, le père de famille jouissait des droits suivants:

1° *Jus castigandi.* Il consistait dans la faculté d'infliger à l'enfant des châtiments corporels qui ne devaient cependant pas dégénérer en sévices. Si le délit domestique de l'enfant était grave, le père pouvait requérir auprès du magistrat une peine arbitraire que celui-ci devait prononcer. On ne trouve pas tracées d'une manière bien précise les limites de la rigueur qu'il était permis au père de déployer, mais c'était un progrès immense que d'avoir soumis le droit de correction du père au contrôle de l'autorité publique, qui pouvait forcer le père *qui filium male contra pietatem adficiebat,* à l'émanciper. Aussi le droit absolu de vie et de mort n'était plus, sous Justinien, que de l'histoire très-ancienne, de même que le droit inhumain d'exposer les enfants et la faculté non moins brutale de les livrer *à la noxe.*

2° *Jus filium filiamve sanguinolentos vendendi.* Le Droit romain primitif permettait au père de famille de trafiquer de son enfant à tout âge, comme d'une bête de somme. La civilisation avait supprimé ce droit, et l'on ne devait pas s'attendre à le voir rétabli en partie par Constantin. Cet empereur permit au père de vendre l'enfant au sortir du sein de la mère et pour cause d'extrême misère. On ne s'était pas encore élevé à la théorie des *enfants trouvés,* si bien développée de nos jours.

3° *Jus liberos vindicandi.* Le principe de la puissance paternelle romaine étant l'idée de propriété *ex jure quiritiun,* le père revendiquait son enfant comme sa chose contre tout détenteur, et se le faisait exhiber et restituer par la voie des interdits ou par l'action *furti.*

4° *Jus tutores liberis testamento dandi.*

5° *Jus in sponsalia et nuptias liberorum consentiendi.*

6° *Jus operas eorum lucrandi.*

D'après le Code civil, tous les droits qui compètent aux père et mère sur la personne de l'enfant qui est sous leur puissance, se résument, pour ainsi dire, dans le *droit d'éducation.* Ce droit, portion essentielle du droit de puissance paternelle, est exclusivement attaché à la personne des père et mère, et les créanciers de ceux-ci ne seraient pas recevables à prétendre l'exercer au nom de leurs débiteurs.

Ce droit est en même temps un devoir pour les père et mère, et comme tel, il consiste non-seulement dans l'obligation naturelle et civile tout à la fois, de subvenir aux besoins de la vie physique de leur enfant; mais il consiste aussi dans l'obligation de le rendre moral et religieux, et, autant que possible, de cultiver son esprit. Malheureusement cette dernière obligation n'est que naturelle, le législateur a jusqu'aujourd'hui négligé de la sanctionner, et la France attend encore la loi sans cesse réclamée, qui créera pour les pères et mères l'obligation civile d'envoyer leurs enfants dans les écoles. Je dis que le législateur n'a pas sanctionné cette obligation, à moins que l'on ne veuille regarder comme une sanction la déchéance de l'usufruit légal que les tribunaux seraient autorisés à prononcer contre les père et mère qui n'auraient pas donné à leur enfant une éducation selon sa fortune. Mais combien d'enfants qui n'ont point de biens personnels [1] !

---

[1] On pourrait aussi, jusqu'à un certain point, envisager cômme une sanction indirecte de ce devoir d'éducation, la responsabilité que la loi fait peser sur les

Le droit d'éducation comprend :

1° *Le droit de correction.* Le père peut soumettre l'enfant à des sensations plus ou moins douloureuses et le priver de sa liberté pendant un temps plus ou moins long.

Quant à la faculté d'infliger des châtiments corporels à l'enfant, le législateur n'a pas cru devoir intervenir pour en régler l'exercice. Il s'en est rapporté à la tendresse des père et mère : *quis enim talis adfectus inveniatur, ut vincat paternum* [1]? et il a laissé aux magistrats le soin d'apprécier où finit l'usage et où commence l'abus du droit de châtier physiquement un enfant insoumis et rebelle.

Quant au droit de faire incarcérer un enfant, les père et mère ne doivent l'exercer que dans les cas où ils ont des sujets de mécontentement très-graves sur la conduite de cet enfant. Mais ils ne peuvent pas le détenir en chartre-privée, et comme il y allait de la liberté individuelle, par conséquent de l'ordre public, le législateur a dû faire intervenir des représentants de la puissance publique. C'est pourquoi les père et mère, légitimes ou naturels, ne peuvent faire détenir leur enfant, soit dans une maison de correction, soit ailleurs, qu'en vertu d'un ordre d'arrestation délivré, sur leur demande, par le président du tribunal de première instance de leur domicile. Tantôt cet ordre d'arrestation ne peut pas être refusé par le président du tribunal, qui doit l'accorder sans pouvoir demander compte au père de ses sujets de mécontentement, et alors on dit que la détention a lieu *par voie d'autorité;* tantôt, l'ordre peut être refusé par le président du tribunal, après

père et mère relativement au dommage causé par l'enfant mineur habitant avec eux, et c'est avec raison que les tribunaux, lorsque les père et mère veulent décliner la responsabilité en soutenant qu'ils n'ont pas été *présents* lors de la perpétration du fait dommageable, examinent si ce fait n'est pas le résultat d'un relâchement dans la discipline domestique.

[1] Il est à croire que cette belle vérité proclamée par la const. 7 pr. *de curat. furiosi,* dut aussi adoucir dans la pratique des Romains, la dureté de leur puissance paternelle.

avoir conféré avec le procureur du roi, à propos des sujets de mécontentement que le père est tenu de déduire, et dans ce cas, la détention est appelée *par voie de réquisition.*

Relativement au droit de faire détenir un enfant, il y a entre les père et mère légitimes et les père et mère naturels les différences suivantes :

Les uns et les autres ne peuvent jamais faire détenir que *par voie de réquisition,* l'enfant âgé de plus de seize ans commencés.

Si l'enfant est âgé de moins de seize ans commencés, le père légitime peut le faire détenir *par voie d'autorité ;* mais il ne peut plus agir que *par voie de réquisition :*

a. Si cet enfant a des biens personnels ;

b. S'il exerce un état ;

c. Si le père est remarié et qu'il s'agisse d'un enfant du premier lit.

Au contraire, le droit du père naturel de faire détenir *par voie d'autorité* l'enfant au-dessous de seize ans commencés, n'est soumis à aucune de ces restrictions, et il peut agir *par voie d'autorité,* lors même qu'il s'est marié et que son enfant a des biens personnels ou exerce un état.

La mère légitime ne peut, dans aucun cas, faire détenir l'enfant *par voie d'autorité ;* le Code ne lui ouvre que *la voie de réquisition,* et encore a-t-elle besoin, à cet effet, du concours des deux plus proches parents paternels. Si elle convole à de nouvelles noces, elle perd le droit de correction sur les enfants du premier lit.

Au contraire, la mère naturelle, jouissant de la puissance paternelle dans les mêmes proportions que le père naturel, a, par ce motif, un pouvoir de correction plus étendu que celui du père et de la mère légitimes. Il est plus étendu que celui du père légitime, puisqu'elle peut, comme le père naturel, faire détenir l'enfant *par voie d'autorité* dans des cas où, ainsi qu'on vient de le voir, le père légitime ne peut le faire détenir que *par voie de réquisition.* Il est plus étendu que celui de la mère légitime, puisque celle-ci, comme on l'a vu, ne peut jamais faire détenir un enfant que *par voie de réquisition* ; puisque, d'un autre côté, le convol de la mère légitime lui fait perdre le droit de correction que ne restreint pas, pour la mère naturelle, le mariage qu'elle viendrait à contracter; puisque, enfin, la mère naturelle n'est jamais tenue, comme la mère légitime, de se faire assister par les deux plus proches parents paternels de l'enfant pour le faire détenir[1].

La procédure à suivre pour obtenir l'ordre d'arrestation est la même dans le cas de détention par voie d'autorité et dans celui de détention par voie de réquisition. Il n'y a lieu à aucune écriture ni formalité judiciaire. Cet ordre est délivré par écrit après que le père ou la mère qui le demande a souscrit la soumission de payer tous les frais et de fournir les aliments convenables; et les motifs de détention que la loi, dans l'intérêt futur de l'enfant, a voulu laisser sous le voile du mystère, ne doivent pas être énoncés dans l'ordre d'arrestation.

Quant au temps pendant lequel un enfant peut être privé de sa liberté, il est à remarquer :

Que la détention par voie d'autorité ne peut jamais excéder un mois, et que, dans ce cas, le président du tribunal ne peut pas abréger le temps fixé par le père légitime, ou par les père et mère naturels ;

Que la détention par voie de réquisition ne peut pas dépasser six mois, et que, dans ce cas, le président du tribunal est le maître de fixer un temps moindre que celui que le père ou la mère a requis.

De quelque manière que l'enfant soit détenu, le père ou la mère peut toujours, à son gré, abréger la durée de la détention.

En cas de récidive de l'enfant, sa détention peut être de nouveau ordonnée ou requise de la manière ci-dessus indiquée.

---

[1] Cette dernière différence se comprend; l'enfant naturel n'a jamais d'autres parents paternels que son père. Mais pourquoi les père et mère naturels ont-ils un pouvoir de correction plus large que les père et mère légitimes? Est-ce une inconséquence ou le résultat de l'intention du législateur?...

Enfin, quant au recours de l'enfant contre l'ordre d'arrestation, il faut distinguer s'il est détenu par voie d'autorité ou par voie de réquisition. Dans le premier cas, il n'y a point de recours contre la volonté du père; la sentence prononcée par ce *Judex domesticus* est en dernier ressort. Dans le second cas, l'enfant détenu peut adresser un mémoire au procureur-général près la Cour royale. Ce magistrat se fait rendre compte par le procureur du roi près le tribunal dont le président a autorisé la détention, et en réfère au président de la Cour, qui, après en avoir donné avis au père, et après avoir recueilli tous les renseignements, révoque ou modifie, s'il y a lieu, l'ordre délivré par le président du tribunal.

Parmi les droits que la puissance paternelle accorde sur la personne des enfants, il faut ranger en outre:

2° *Le droit de coërcition.* L'enfant ne peut, tant qu'il est en puissance, quitter la maison paternelle sans la permission du père. En cas de désertion de l'enfant, il peut le forcer *manu militari* et même *obtorto collo*, à rentrer dans la maison paternelle, et il a droit de le revendiquer contre quiconque le retiendrait de gré ou de force. Ce mot *revendiquer* n'est peut-être pas tout à fait convenable, car il répugne à nos mœurs, et il serait contraire à notre droit, d'assimiler l'enfant à la *chose* du père. Cependant il faut bien reconnaître que l'obligation imposée à l'enfant de rester dans la maison paternelle n'est pas une simple obligation de faire dont l'inexécution puisse se résoudre en dommages-intérêts; le droit du père sur la personne de son enfant a, comme celui du mari sur la personne de sa femme, un caractère tout particulier, qui fait que l'un et l'autre de ces droits s'exercent à l'instar d'un droit réel.

Ce droit du père de forcer l'enfant à rentrer dans la maison paternelle dont il a déserté cesse dans deux cas:

a) Si le fils l'a quittée après l'âge de vingt ans pour s'enrôler volontairement au service militaire;

b) S'il a été contraint de la quitter par de mauvais traitements exercés sur sa personne.

3° *Le droit d'émancipation.*

4° *Le droit de tutelle légale accordé au survivant des père et mère.*

5° *Le droit dont jouit le dernier mourant des père et mère de choisir un tuteur à ses enfants mineurs.*

B. DROITS SUR LES BIENS DES ENFANTS.

D'après l'ancien Droit romain, l'enfant en puissance paternelle, et en général tout individu *alieni juris* ne pouvait rien avoir en propriété ; tout ce qu'il acquérait appartenait de plein droit au père. Mais dans le dernier état de la jurisprudence romaine, celui-ci ne jouissait plus que :

1° Du droit de disposer par testament des biens appartenant à son enfant, pour le cas où celui-ci viendrait à décéder avant l'âge de puberté. Il exerçait ce droit au moyen de la *pupillaris substitutio*[1].

2° D'un droit, tantôt de propriété absolue, tantôt d'administration et de jouissance seulement, sur certains pécules des enfants.

Quant au pécule *profectitium* qui comprenait ce que le père détachait de son patrimoine et remettait à l'enfant, pour le faire fructifier par le commerce ou de toute autre manière, le père en conservait l'entière propriété et le droit absolu d'en disposer ; le fils n'en avait que l'administration précaire.

Quant au pécule *adventitium,* composé de tout ce qui était advenu à l'enfant, sans lui avoir été donné par le père ou en considération du père, tels que dons entre-vifs et à cause de mort, successions, bénéfices industriels, l'enfant en était bien propriétaire, mais il ne pouvait en disposer, ni entre-vifs, ni à cause de mort. Le père en avait l'administration et la jouissance, sans être tenu de rendre compte, ni de donner caution ; et lorsqu'il émancipait l'enfant, le père conservait pendant toute sa vie l'usufruit de la moitié de ce pécule.

---

[1] Le droit de substituer *ad exemplum pupillaris* n'était pas un attribut de la puissance paternelle.

Mais le père n'avait ni l'administration, ni la jouissance :

a. De ce qui avait été donné à l'enfant sous la condition que le père n'en jouirait pas;

b. Des choses données, à titre singulier ou universel, à l'enfant que le père n'avait pas voulu autoriser à accepter;

c. De la portion de l'hérédité d'un frère ou d'une sœur germains que l'enfant avait recueillie *ab intestat* en concours avec le père;

d. Des choses que le père détériorait ou dissipait (*in fraudem fidei-commissi*) et qu'il avait été chargé par fidéicommis de restituer à son fils, quand celui-ci deviendrait *sui juris*.

Enfin, le père n'avait aucun droit, ni sur le pécule *castrense,* qui était composé de ce que le fils recevait en partant pour l'armée, de ce qu'il héritait de ses compagnons d'armes, de ce qu'il acquérait avec sa solde militaire (*in militiâ sagatâ*), etc., ni sur le pécule *quasi castrense,* qui comprenait ce qu'un fils avait pu acquérir comme magistrat, ecclésiastique, professeur, avocat (*in militiâ togatâ*), etc.

En fondant le pécule *adventitium* avec la garde noble et bourgeoise de Paris, les rédacteurs du Code ont accordé aux pères et mères sur les biens des enfants en leur puissance :

1° Un droit d'administration sur tous les biens, sans exception, qui peuvent appartenir à leurs enfants, soit naturels, soit légitimes.

2° Un droit de jouissance à propos duquel il y a lieu d'examiner :

a. Quelle en est la nature;

b. A qui il compète;

c. Sur quels biens il s'exerce;

d. A quelles charges il est soumis;

e. Comment il s'éteint.

a. Quelle est la nature du droit de jouissance légale des pères et mères.

Ce droit de jouissance présente tous les caractères du droit qui con-

siste à jouir des choses dont un autre a la propriété, comme le propriétaire lui-même, à la charge d'en conserver la substance. Aussi, le
Code l'appelle-t-il dans plusieurs articles *usufruit légal.* Ce droit est
réel, mobilier ou immobilier selon l'objet auquel il s'applique. Il est
personnel en ce sens qu'il meurt avec la personne qui en est revêtue ;
mais il ne doit pas être, comme les droits des pères et mères sur la
personne des enfants, rangé dans la classe des droits exclusivement
attachés à la personne, et que les créanciers ne sont pas admis à exercer
au nom de leurs débiteurs. Si les pères et mères y renonçaient *direc-
tement* au préjudice de leurs débiteurs, ceux-ci pourraient faire annu-
ler la renonciation. Mais l'action paulienne ne serait plus recevable,
si les pères ou mères n'avaient renoncé qu'*indirectement*, c'est-à-dire
si la renonciation à l'usufruit n'était qu'une conséquence de l'exercice
d'un droit sur la personne de l'enfant, par exemple, en cas d'émancipation.

b. A qui compète le droit d'usufruit légal.

Ce droit n'appartient qu'aux pères et mères des enfants légitimes ou
légitimés ; les pères et mères naturels ne peuvent jamais y prétendre.
Le législateur, en le voulant ainsi, a fait acte de haute moralité.

Les droits qui résultent de la puissance paternelle sur la personne
des enfants, ont, comme je l'ai dit, l'intérêt de ceux-ci pour fondement ; l'enfant naturel est innocent de la faute à laquelle il doit la vie ;
la loi ne devait donc pas le punir en refusant à ses père et mère, quoique coupables, l'exercice de la portion de puissance paternelle qui a
pour objet l'intérêt de l'enfant. Mais quant aux droits utiles que cette
puissance renferme au profit des pères et mères, le législateur a bien
fait, par respect pour le mariage et la religion, de ne pas les concéder
à ceux qui avaient préféré vivre en concubinage.

Le père et la mère légitimes jouissent tous deux de l'usufruit légal ;
mais, tant que le mariage subsiste, le père en jouit seul à l'exclusion

3

de la mère. Et le père en jouit privativement à la mère, lors même que celle-ci, par suite d'interdiction légale ou judiciaire du mari, serait appelée à exercer la puissance paternelle.

A la dissolution du mariage, l'usufruit appartient au survivant des père et mère.

c. *Sur quels biens s'exerce l'usufruit légal.*

Ce droit comprend la jouissance de tous les fruits soit naturels, soit industriels, soit civils, et s'exerce sur tout le patrimoine qui peut avoir été formé à l'enfant par donation entre-vifs ou testamentaire, par succession, invention et gain de fortune. Mais cette jouissance ne s'étend pas :

1° Aux biens que l'enfant a pu acquérir par un travail ou une industrie séparés de ceux des père et mère;

2° Aux biens, autres que ceux que la loi attribue à l'enfant à titre de réserve, qui lui auraient été donnés ou légués sous la condition expresse que les père et mère n'en jouiraient pas;

3° Aux biens composant un majorat;

4° Aux biens provenant d'une succession dont le père ou la mère aurait été exclu pour cause d'indignité et que l'enfant aurait recueillie de son chef et sans le secours de la représentation.

Remarquez que l'époux déclaré indigne serait seul privé de l'usufruit des biens provenant de la succession dont s'agit. Ainsi le père en jouirait, si c'était la mère qui eût été exclue de la succession, pourvu qu'il ne fût pas lui-même complice du crime ou du délit ou coauteur du fait qui engendrent l'indignité. *Vice versa,* la mère, après la dissolution du mariage, mais seulement après cette dissolution, aurait l'usufruit des biens recueillis par son enfant, venant sans le secours de la représentation, à une succession dont le père aurait été exclu pour cause d'indignité.

d. *A quelles charges est soumis l'exercice du droit d'usufruit légal.*

Ces charges sont les suivantes :

1° Celles auxquelles sont tenus les usufruitiers, excepté l'obligation de donner caution ;

2° La nourriture, l'entretien et l'éducation des enfants selon leur fortune.

L'obligation de pourvoir à la nourriture et à l'entretien d'un enfant n'est pas inhérente à la puissance paternelle ; elle existe *pietatis officio,* et les père et mère y restent soumis, quand même ils auraient été privés de tous droits, soit sur la personne, soit sur les biens de l'enfant. Mais cette obligation cesse quand l'enfant a des ressources personnelles, et c'est là ce qui distingue l'obligation de nourrir et entretenir résultant de la paternité et de la maternité, de la même obligation considérée comme charge usufructuaire. Si l'enfant a des biens personnels et que ses père ou mère en acceptent l'usufruit, l'étendue de leur obligation de le nourrir, de l'entretenir et de l'élever, devra se mesurer, moins sur la fortune des père et mère que sur celle de l'enfant.

3° Le payement des intérêts, des capitaux et celui des arrérages de rentes, soit constituées, soit réservées, soit viagères. Il ne s'agit pas ici des intérêts et arrérages à échoir pendant la durée de l'usufruit, mais de ceux qui étaient échus et non payés au moment de l'ouverture de l'usufruit.

4ᶜ Les frais funéraires et ceux de dernière maladie, non pas des enfants eux-mêmes, mais de la personne dont ils ont recueilli la succession.

e. *Comment s'éteint l'usufruit légal.*

L'usufruit légal des pères et mères s'éteint :

1° Lorsque la puissance paternelle vient à cesser (voy. *infra*) ; car bien que la puissance paternelle puisse exister sans le droit d'usufruit

3.

légal, qui n'en est pas une portion essentielle, celui-ci ne peut jamais exister là où il n'y a pas de puissance paternelle.

2° Quand l'enfant a atteint l'âge de dix-huit ans accomplis. Et si l'enfant vient à mourir avant cet âge, les père et mère ne peuvent pas prétendre, sous prétexte qu'aux termes de l'art. 620 du Code, l'usufruit accordé jusqu'à ce qu'un tiers ait atteint un âge fixe, dure jusqu'à cette époque, encore que le tiers soit mort avant l'âge fixé, les père et mère, dis-je, ne pourraient pas prétendre conserver l'usufruit jusqu'à l'époque à laquelle l'enfant, s'il avait vécu, aurait accompli sa dix-huitième année.

3° Lorsque la mère, usufruitière légale des biens de ses enfants d'un premier lit, a contracté un nouveau mariage. Son droit d'usufruit s'éteindrait irrévocablement, lors même que ce mariage subséquent viendrait à être dissous ou annulé, s'il a été librement contracté.

4° Lorsque le survivant des père et mère mariés sous le régime de la communauté, soit légale, soit conventionnelle, a négligé de faire, dans le délai légal ou prorogé, un inventaire exact des biens de la communauté.

5° Outre ces modes particuliers d'extinction, l'usufruit légal des pères et mères cesse encore, comme tout autre droit d'usufruit, par la perte totale de la chose sur laquelle l'usufruit est établi, par la renonciation de l'usufruitier et par la déchéance pour cause d'abus de jouissance.

IV. DES DIFFÉRENTES MANIÈRES DONT LA PUISSANCE PATERNELLE CESSE ET RENAIT.

Chez les Romains, la puissance paternelle prenait fin :

1° *Ex personâ patrisfamilias :*

a. Par sa mort naturelle. Toutefois ne devenaient *sui juris* dans ce cas, que les enfants qui étaient au premier degré. Les petits enfants retombaient sous la puissance de leur père, à moins que celui-ci, mort ou émancipé, ne fût plus dans la famille.

b. Par sa diminution de tête, *maxima, media vel minima.*

c. Par la *datio in adoptionem,* dans le cas de l'adoption pleine;

d. Par l'effet de la déchéance qui avait lieu de plein droit :

1) Lorsque le père avait convolé à des noces incestueuses;

2) Quand il avait exposé son enfant;

3) Lorsqu'il avait prostitué sa fille;

e. Par l'émancipation qui était *volontaire* ou *forcée* :

Volontaire, quand le père, de son plein gré et du consentement de l'enfant[1], l'affranchissait de la puissance paternelle. Cela se fit d'abord au moyen de formalités symboliques (*emancipatio vetus*), auxquelles Anastase, substitua l'obtention d'un rescrit de l'empereur (*emancipatio Anastasiana*), et que Justinien simplifia encore en faisant résulter l'émancipation d'une simple déclaration faite par le père et acceptée par l'enfant en présence du magistrat (*emancipatio Justinianea*);

Forcée, quand le père était contraint de se dépouiller de son droit de puissance paternelle, ce qui avait lieu :

1) Lorsqu'il exerçait de mauvais traitements sur la personne de son enfant;

2) Lorsqu'il avait accepté un legs ou un don à lui fait sous la condition d'émanciper son enfant;

3) Quand l'impubère adopté ou adrogé, pouvait, après avoir atteint l'âge de puberté, *non expedire sibi in potestatem patris adoptivi redigi.*

2° *Ex personâ liberorum :*

a. Par leur mort naturelle,

b. Par leur diminution de tête, *maxima* et *media,*

c. Par l'effet de certaines dignités et de certains emplois dont ils étaient revêtus.

---

[1] A moins qu'il ne fût *infans* ou *adrogatus.* En général, les Romains n'admettaient pas l'ἀποκήρυξις des Grecs.

Mais la puissance paternelle ne finissait ni par la majorité, ni par le mariage des enfants.

On recouvrait la puissance paternelle :

1° *Liberorum delicto*. L'enfant ingrat envers le père qui l'avait émancipé, était déchu de l'émancipation et rentrait en puissance paternelle.

2° *Restitutione in integrum*. Le père qui par suite de condamnation avait perdu la puissance sur ses enfants, la recouvrait si le prince lui faisait grâce.

3° *Jure postliminii*. Voyez le § 5 *Inst. quib. mod. jus pat.*

En Droit français, la puissance paternelle prend fin :

1° Par la mort naturelle ou civile des père et mère;

2° Par la mort naturelle ou civile de l'enfant;

3° Par sa majorité;

4° Par son émancipation, qui a lieu de plein droit par le mariage ou par l'effet de la déclaration du père ou de la mère reçue par le juge de paix, assisté de son greffier. Dans le second cas, l'enfant ne peut être émancipé que lorsqu'il a atteint l'âge de quinze ans révolus; dans le premier cas, il peut être émancipé même avant l'âge de quinze ans, *sane uno casu ;*

5° Par la condamnation des père ou mère pour délit d'attentat aux mœurs, en excitant, favorisant ou facilitant habituellement la débauche ou la corruption de leur enfant.

La dégradation civique n'entraîne pas privation du droit de puissance paternelle, et l'interdiction légale ou judiciaire ne fait que suspendre l'exercice de ce droit.

On recouvre la puissance paternelle :

1° Par le retrait du bénéfice de l'émancipation. Tout mineur émancipé dont les engagements auraient été réduits en vertu de l'art. 484 du Code civil, peut être privé du bénéfice de l'émancipation. Si c'est le conseil de famille qui a émancipé le mineur, celui-ci rentre en tutelle; si c'est le père ou la mère, il retombe sous leur puissance.

2° Par la cessation de la mort civile, laquelle cessation résulte, soit de la grâce royale, soit d'une amnistie, soit d'une commutation de peine, soit de la représentation à justice du contumace mort civilement, avant la prescription de sa peine.

QUESTIONS.

I. L'usufruit légal des père et mère doit-il revivre sur les biens de l'enfant, auquel, pour cause d'engagements excessifs, le bénéfice de l'émancipation aurait été retiré? Oui.

II. La responsabilité imposée aux père et mère relativement au dommage causé par l'enfant mineur habitant avec eux, est-elle inhérente à la puissance paternelle? Oui.

III. Un étranger peut-il exercer en France le droit de puissance paternelle tel qu'il résulte du Code civil? Oui, quant au droit de correction, non, quant à l'usufruit légal, à moins qu'il n'ait été admis par le roi à fixer son domicile en France.

IV. Une veuve impudique peut-elle être privée par les tribunaux de l'usufruit légal sur les biens de ses enfants légitimes? Non.

V. L'usufruit légal des père et mère qui s'applique à des biens immobiliers ou à leurs accessoires réputés immeubles, est-il susceptible d'hypothèque? Oui.

VI. L'époux contre lequel la séparation de corps a été prononcée, perd-il le droit d'usufruit légal? Non.

VII. Un enfant contre lequel une détention de quelques mois aurait été prononcée quelques jours avant sa majorité, pourrait-il demander son élargissement le jour où il aurait atteint cette majorité? Non.

Vu par nous président du concours, le 19 décembre 1839.

RAUTER.

www.ingramcontent.com/pod-product-compliance
Ingram Content Group UK Ltd.
Pitfield, Milton Keynes, MK11 3LW, UK
UKHW020007130726
13694UKWH00005B/2146